手っ取り早く
「そこそこ
いい感じ」に
なりたいんですけど。

「原因」と「結果」の法則

ジェームズ・アレン 著／坂本 貢一 訳

アール・ナイチンゲール、デール・カーネギーほか「現代成功哲学の祖たち」がもっとも影響を受けた伝説のバイブル。聖書に次いで一世紀以上ものあいだ、多くの人に読まれつづけている驚異的な超ロング・ベストセラー、初の完訳！

定価＝本体 1200 円＋税
978-4-7631-9509-8

「原因」と「結果」
の法則
愛されて10年。
「成功の秘訣から
人の生き方まで、
すべての原理が
ここにある」稲盛和夫氏
毎年、版を重ねて60万部突破！

生き方

稲盛和夫 著

大きな夢をかなえ、たしかな人生を歩むために一番大切なのは、人間として正しい生き方をすること。二つの世界的大企業・京セラとKDDIを創業した当代随一の経営者がすべての人に贈る、渾身の人生哲学！

定価＝本体 1700 円＋税
978-4-7631-9543-2

生き方
稲盛和夫
不朽のロング・ベストセラー、
130万部突破!!
世代とともに読みつがれる、
人生哲学の"金字塔"！

スタンフォード式　最高の睡眠

西野精治 著

睡眠研究の世界最高峰、「スタンフォード大学」教授が伝授。
疲れがウソのようにとれるすごい眠り方！

定価＝本体 1500 円＋税
978-4-7631-3601-5

スタンフォード式
最高の睡眠
The Stanford Method for Ultimate Sound Sleep
スタンフォード大学医学部教授
スタンフォード大学睡眠生体リズム研究所所長
西野精治
30万部突破！
「睡眠負債」の実態と対策に迫った
眠りの研究、最前線！
テレビで大反響
睡眠本の超決定版！

の電子書店で購読できます！

store、BookLive!、honto、BOOK ☆ WALKER、GALAPAGOS STORE ほか

郵便はがき

料金受取人払郵便

新宿北局承認

8449

差出有効期間
2021年11月
30日まで
切手を貼らずに
お出しください。

169-8790

154

東京都新宿区
高田馬場2-16-11
高田馬場216ビル５Ｆ

サンマーク出版愛読者係行

ご住所	〒　　　　都道府県	
フリガナ		☎
お名前		(　　　)
電子メールアドレス		

ご記入されたご住所、お名前、メールアドレスなどは企画の参考、企画用アンケートの依頼、および商品情報の案内の目的にのみ使用するもので、他の目的では使用いたしません。
尚、下記をご希望の方には無料で郵送いたしますので、□欄に✓印を記入し投函して下さい。

□サンマーク出版発行図書目録

1 お買い求めいただいた本の名。

2 本書をお読みになった感想。

3 お買い求めになった書店名。

市・区・郡　　　　　町・村　　　　　書店

4 本書をお買い求めになった動機は?

・書店で見て　　　　・人にすすめられて
・新聞広告を見て(朝日・読売・毎日・日経・その他＝　　　　)
・雑誌広告を見て(掲載誌＝　　　　)
・その他(　　　　)

ご購読ありがとうございます。今後の出版物の参考とさせていただきますので、上記のアンケートにお答えください。**抽選で毎月10名の方に図書カード (1000円分) をお送りします。** なお、ご記入いただいた個人情報以外のデータは編集資料の他、広告に使用させていただく場合がございます。

5 下記、ご記入お願いします。

ご職業	1 会社員(業種　　　　) 2 自営業(業種　　　　) 3 公務員(職種　　　　) 4 学生(中・高・高専・大・専門・院) 5 主婦　　　　6 その他(　　　　)		
性別	男 ・ 女	年齢	歳

27 スタイリング剤の使い方間違ってない？

POINT

引き出した毛束をキープするには「すき間」をめがけてスプレーしてみて。

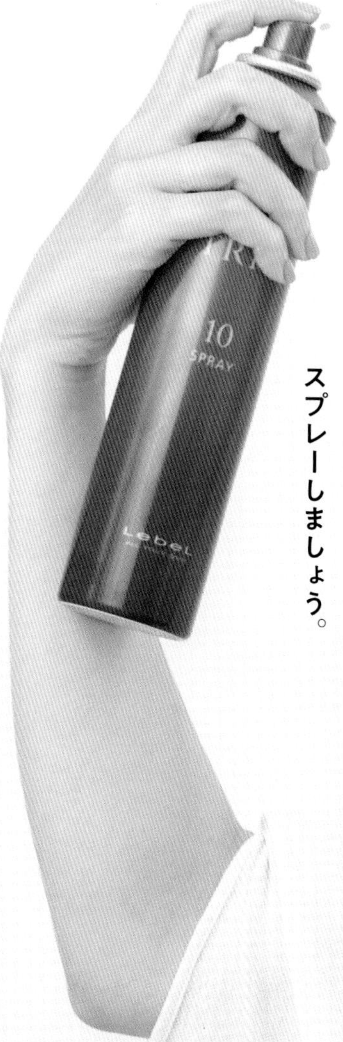

合っているものをピンポイントで必要なところにだけ使うことで、コスパもよくなりますし、髪の保湿力やキープ力も上がります。

例えばスプレー。霧状に出るものなので霧の状態を生かしましょう。

表面をキープするには写真くらい15~20cmほど離します。

お団子や毛先などをそのままキープしたい場合は遠くから霧状でと心がけてみてください。

ピンポイントでふんわり感をキープしたい場合は、引き出した**すき間をめがけて10cmほど離してスプレーしましょう。**

28

自分の髪質にあった スタイリング剤を選ぼう

自分の髪質に合うスタイリング剤ってなんだろう。

そう思う方は多いと思いますが、まずは自分の髪の特徴、悩みを挙げてみましょう。

例えばペタッとする、毛先が広がる、クセがつきにくい、パサつきやすい……などなど。

ペタッとするのに重ためなオイルは合わないですし、**広がりやすいのに動きやすいワックスは合いません**。

また既に持っているスタイリング剤も、混ぜたり、使う順番を変えたりなど使い方次第ではまだまだ活躍させられますよ。

買ったものを使いつつ、足りないものを補っていけるアイテムを追加してみましょう。

クセ毛が強い

ツヤがない

タイプ

スタイリング剤で
しっかりツヤを与えよう

[アレンジ前]

ミストで濡らしておく

[　巻く前　]

アイロンで
髪の表面を均一に

[　仕上げ　]

しっとり系スプレーで
ツヤを与える

剛毛

ダメージ多め

毛先がパサつく

タイプ

濡れている段階で
髪をしっかり保湿しよう

[アレンジ前]

オイルをつけておく

[巻いた後]

ワックスよりバームがオススメ

[　仕上げ　]

ニュアンススプレーで
まとまりよく

猫っ毛

すぐへたる

カールが持たない

タイプ

油分が多すぎない
スタイリング剤がオススメ

[アレンジ前]

オイルよりミストがオススメ

[巻いた後]

バームよりワックスがオススメ

[　仕上げ　]

ハードスプレーで
キープ必須

スタイリング剤の紹介

［アリミノ］
スタイルクラブ
ヒートプロテクトミスト

猫っ毛やクセ毛の人にオススメ。アレンジ前に髪の毛にしっかりツヤを与えられる。

［アリミノ］
スタイルクラブ
スムースオイル

（洗い流さないトリートメント）

剛毛な人、ダメージが多い人にオススメ。髪の毛をしっかり保湿して。

［アリミノ］
スタイルクラブ
ライトワックス

猫っ毛の人やカールが持たない人にオススメ。アレンジがしっかりキープできますよ。

［アリミノ］
スタイルクラブ
ライトバーム

（ヘアワックス兼ハンドクリーム）

毛先がパサつきがちな人は毛先にしっかりつけてまとまりをよくしてみて。

29 実際に使っている

[ミルボン]

ジェミールフラン スプレーSW

ツヤが少ない＆クセ毛が強い人は仕上げにこのしっとり系スプレーをして、髪の表面にツヤをプラス。

[スティーブンノルニューヨーク]

ドライシャンプー

猫っ毛の人や毛量が少なくてトップがペタッとしてしまう人はドライシャンプーをすることで根元が立ち上がる。

[ルベル]

トリエ
スプレー10

猫っ毛＆カールが持たないタイプの人は、アレンジ後しっかりハードスプレーでキープして。

[ミルボン]

ニゼル ドレシア スプレー
スウィングムーブヴェール

ダメージが多い人や剛毛な人は仕上げにこのニュアンススプレーをするとまとまりがよくなる。

30

なんにもしない スタイリング剤だけアレンジ

BEFORE

スタイリング剤を毛先につける

①

手のひらによくのばしたら、まずはパサつきやすい毛先からつける。

②

ハチ上につける

レイヤーが入ってる場合は毛先につけたつもりでも、表面の毛先にはついていないことが多いのでハチ上で別につけると◎。

顔まわりにつける

残っているスタイリング剤を手のひらにもう一度のばし、ほんのりついている状態で顔まわりにつける。これでパラッと落ちやすい髪もとまってくれる。

コームでとく

一度コームで全体をとくと毛先はしっとりのままで、表面も毛束ごとにほどよくしっとりまとまる。

完成！

夜までキープ

横から見ても毛先までおさまりよくまとまっている。
この状態が夜までキープできる。

スタイリング剤の目安

オイルの適量

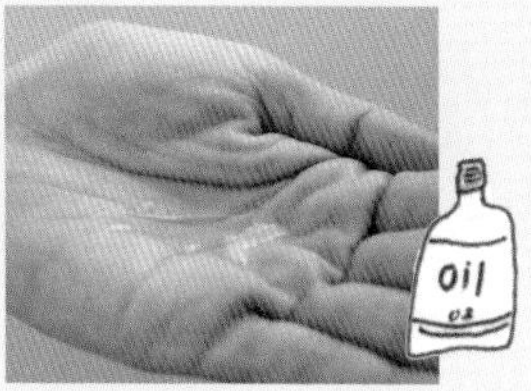

オイルは2プッシュ程度。同じく毛先から、ハチまわり→顔まわり→前髪の順番でつける。

バームの適量

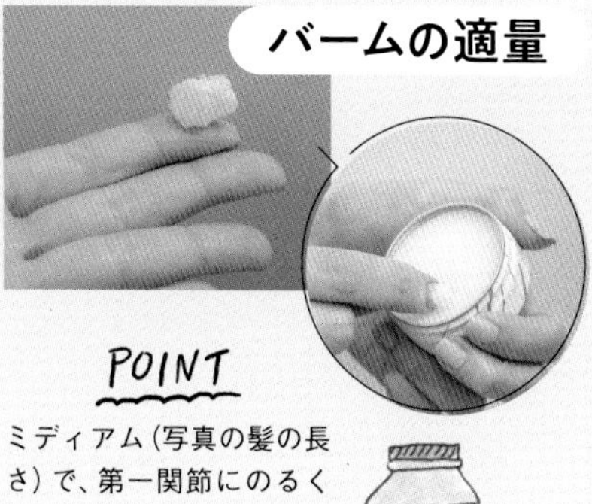

POINT

ミディアム（写真の髪の長さ）で、第一関節にのるくらい。爪の上ですくえば、爪の隙間にも入らず◎。

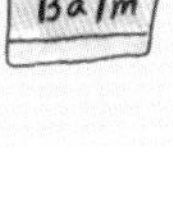

31

アレンジしないで「巻くだけ」をする日

いつも一つに束ねている人がいきなりダウンスタイルでいると雰囲気が変わって、ドキッとしますよね。

巻くのが面倒という人も、「今日は巻くだけ、他は何にもしない！」と決めると、ハードルも下がって、朝の時間でもチャレンジしやすいのでは？

写真のようにゆるふわに巻くのは意外とカンタン！

実は、**たったの2分で完成するアレンジ**なんです。

全部をしっかり巻く必要なんてありません。

カジュアルな服装とゆるふわ巻きは相性抜群。

ぜひ94ページで紹介する「手抜き2段内巻き」を試してみて。

32

毛束に動きと空気をプレゼント

BEFORE

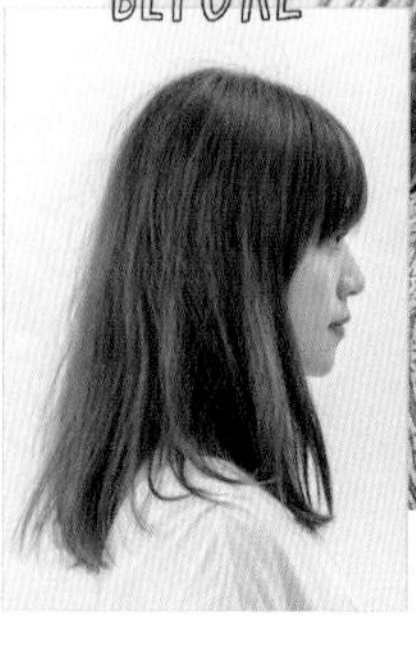

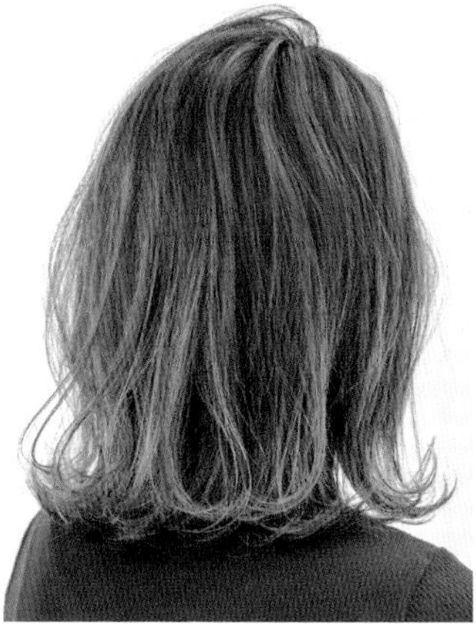

ボブの長さでやると動きが出て
軽やかに。

伸ばしかけの長さの人はこの巻き方を
するとレイヤーを入れたような印象に。

写真の巻き方は「手抜き2段内巻き」と呼んでいます。

これさえマスターすれば、レイヤーを入れていなかったり、伸びてきてしまったりした髪型でも毛束が揺れる軽やかな印象に変わります。

アイロンが苦手な方でも、内巻きさえできれば巻ける簡単なもの。

まずは次ページで紹介する巻き方を試してみて。

アイロンは練習なら１４０℃からゆっくりはじめてみましょう。

慣れてきたら１６０〜１８０℃でやってみて。

毛先が揺らぎ、表面にふわっと空気感があると女性らしく素敵です。

ボブにも使える巻き方なので、まだアレンジできない長さの人も試してみては？

33
手抜き2段内巻きの方法

①

②

毛先を内巻きする

左右それぞれを2～3束に分けて毛先を横向きにワンカール。
頭を傾けると巻きやすく、火傷もしにくい。

③

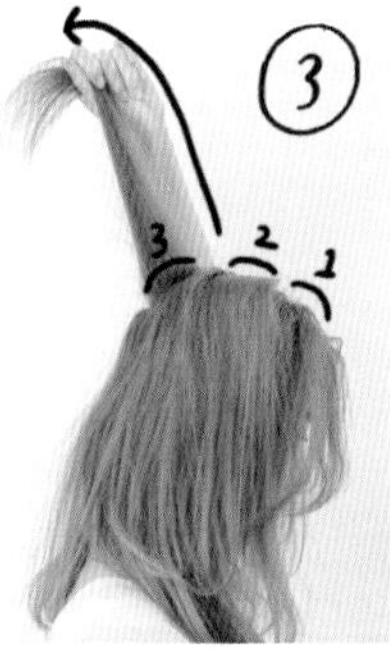

④

後頭部の毛は持ち上げる

後頭部の毛束は真上に持ち上げてワンカール。

表面&前髪も持ち上げる

表面サイドの髪も持ち上げてワンカール。前髪も後ろに向かってワンカールする。

巻きは完成

毛先を内巻きにして、表面の毛は持ち上げてワンカールすることで毛先に重なりができて、全体がふんわりした印象に。

好きな分け目でジグパートを作る

コームを使ってジグザグに分ける。根元がよりふわっと立ち上がる。

スタイリング剤をつける

毛先を軽く揉んでカールを出す。

11

10

手ぐしで整える

手ぐしで全体を外ハネにする（⑩）。次に持ち上げて巻いたハチ上あたりの髪を手ぐしで空気を入れるイメージで内巻きにする（⑪）。

完成！

毛先に重なりができ、ふわっと仕上がったら完成。

34
忙しい朝は後れ毛だけ巻こう

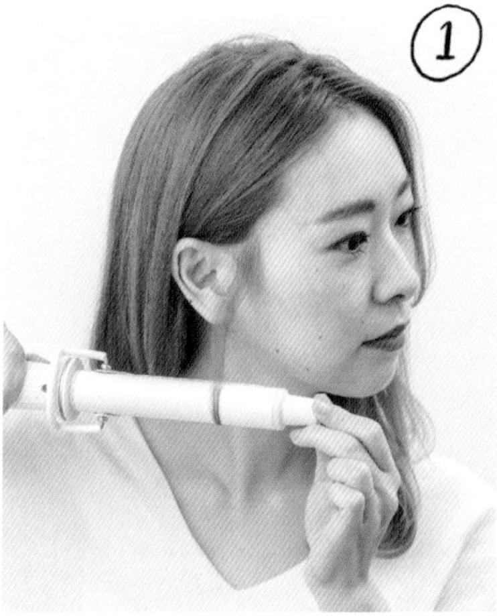

横向きにワンカール

後れ毛の毛先だけを横向きにワンカール。

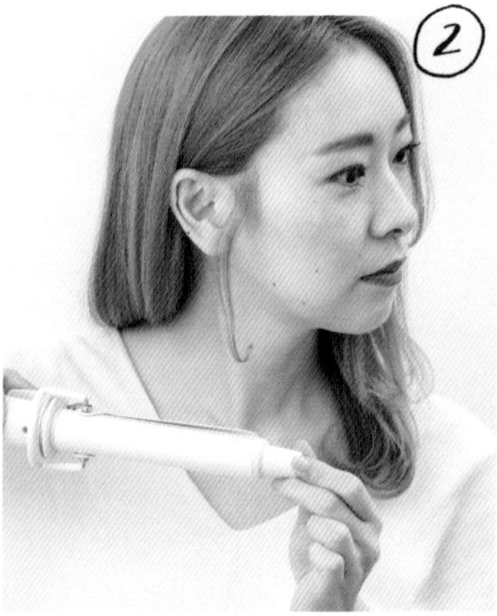

毛先が内巻きになったらOK

毛先だけがくるっと内巻きになっていれば正解。

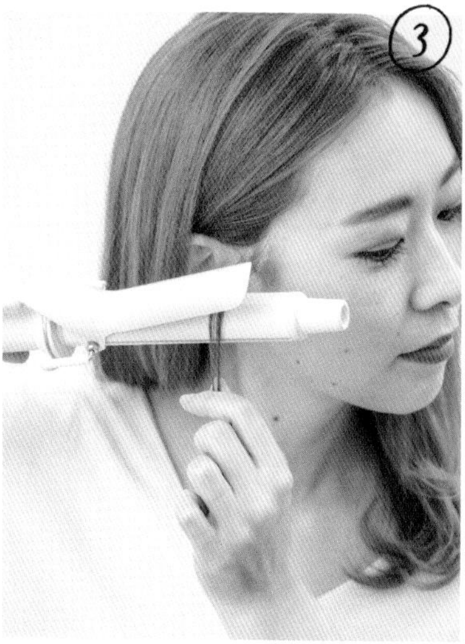

根元を内巻きに1回転

根元を内巻き1回転。毛先は既に巻いてあるので巻かないでOK。
後れ毛がS字になったら完成。

完成!

巻きをキープするようにスタイリング剤をつけて完成。

35

ゴム隠しさえもしない一番簡単なメッシーバン

アレンジは全体の足し引きでバランスがよくなります。

全部頑張りすぎるのも、全部手を抜くのもやめて、肩の力が抜けたバランスでアレンジをするのがオシャレにきめるコツ。

94ページの「手抜き2段内巻き」か、ちょっと毛先だけワンカールをした日、簡単に髪をまとめたくなったら便利なのが「メッシーバン」です。

ゴム隠しをする必要もありません。

シニヨンにする必要もありません。

ゴムが見えていても、無造作でこなれた感じが手に入ります。

ワントーンメイクやブラックコーデのときは、この髪型がぴったりです！

ぜひ、ワンランク上に見える簡単アレンジを試してみてください。

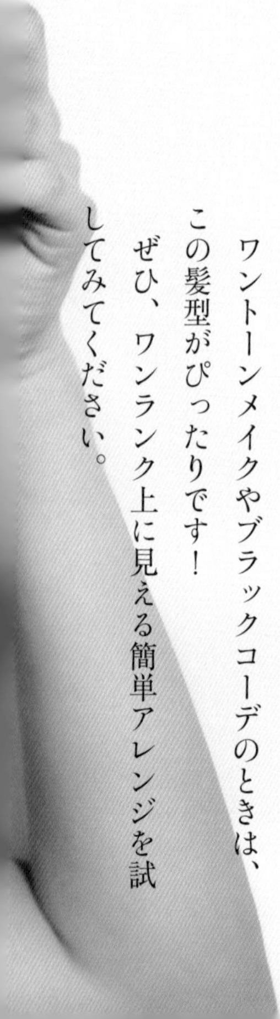

たったの 2step!!

36
メッシーバンの作り方

おたまじゃくしを作る

あごを上げてポニーテールにする。最後のゴム1周でおたまじゃくしになるように、輪っかを作る。このとき輪っかは小さめに作るのがポイント。

②

①

④

③

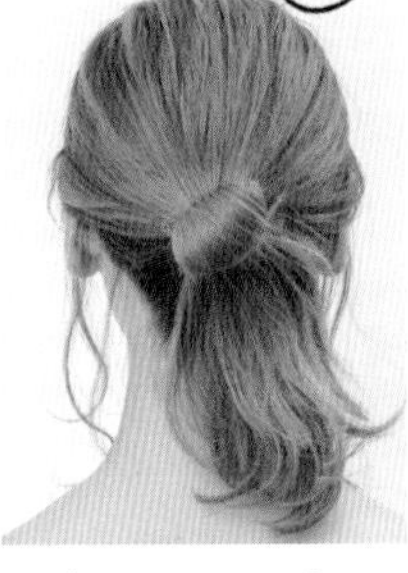

ゴムを二重にする

輪っかの根元をもう1本用意したシリコンゴムでとめて強度を高める。

後頭部を引き出す

根元を押さえながら、互い違いになるようなイメージで後頭部から引き出してくずす。

輪っかをくずす

内側の束を10本持つイメージでつまみ、大胆に引き出す。両手で違う内側の束を持ち、いろんな方向に引っ張れば、さらに時短。

上下左右にくずす

上下左右斜めにといろんな方向に細い束を引き出す。

8

9

内側の毛束のみ引き出す

表面の髪は触らずに内側の毛束のみ引き出して。

10

11

12

団子を大きくする

内側の毛束をどんどん引き出すことで、透け感とともに、団子部分が立体的に大きくなっていけばOK。

13

全体を整える

仕上げに前から見ても束感が出るようにサイドも内側の髪を引き出して立体的にすれば完成。

完成！

Half up

37

ハーフアップはバランスが難しい

朝の通勤の時間帯、一番よく見かけるのが「ハーフアップ」です。

でも、このハーフアップというアレンジは実はバランスがとても難しいもの。

通勤中に見かける女性でも「上手にアレンジしている」という人はなかなか見かけません。

多くの女性が「あと一歩」のところになっている原因は、

- **ハチ上の髪の毛をとりすぎている**
- **結び目が浮いてしまっている**

の2点ができていないから。この2点のコツさえつかめば「学級委員長っぽいハーフアップ」から今っぽいハーフアップに変えられます。

Attention!

38

ハーフアップではなく「3分の1」アップにする！

FRONT

NG

ハーフアップの失敗例。昭和な感じが出てしまっていて、これだとポニーテールにしたほうが素敵です……。

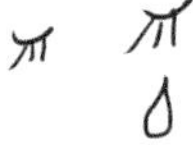

ハーフアップは、顔まわりに毛束が残るので女性らしく、ダウンスタイルよりも明るい印象を与えられる使い勝手のいいアレンジ。

ダウンスタイルで出社しても、仕事中にクリップでハーフアップにまとめることもあるかもしれませんが、位置や量、顔まわりの髪の出し方で今っぽくも古臭くもなります。

ハーフアップというネーミングですが、その名の通り髪の上半分を束ねてしまうとたんにバランスが悪くなります。**ハーフではなく「3分の1」を目安にまとめてみて**。

ハチ上表面の髪をすくうようにとって、毛束が宙に浮かないように結ぶのがポイント。

次ページでプロセスを紹介します。

39
ダサ見えしない ハーフアップの作り方

髪の3分の1を束ねる

ハチ上の1/3を束ねるイメージでハチから後ろに向かって分けとる。
分けとった後、さらに右側を１束分ける。右側１束を残した状態でひとつに束ねる。

1

2

3

4

ゴム隠しする

ゴム隠しの要領で右の束をゴムまわりに巻きつけます。

毛束を広げてゴムを隠す

巻きつけたら最後にゴムでとめ、巻きつけた毛束を広げてゴムを隠す。

完成！

トップをくずして完成

余裕があれば毛先だけ巻くとよりガーリーな印象になり◎。

40
手抜きハーフアップの作り方

①

ハチ上3分の1の毛をとる

前髪、後れ毛を残し、ハチの部分に親指をセットする。

③

②

分け目がギザギザになるよう親指を動かす

③のように、分け目が少しギザギザになるように親指を上下に動かし、1/3を分けとる。

ゴムで結ぶ

4

耳たぶあたりの位置に結び目がくるようにゴムでとめる。全体のバランスを見て引き出す。

POINT

束ねるときは毛束を持ち上げず、頭にくっつけるようにゴムをとめるとサイドがたるまない。

完成!

ポニーフックをつける

ポニーフックなどのアクセをつけたらゴム隠しなしでも今っぽいハーフアップの完成。

P 094 **「手抜き2段内巻き」をあらかじめしておくと、写真のようにガーリーな印象に◎。**

41

たいしたことしてないのに「やってる感」が作れるお得なロープ編み

三つ編み、編み込み、四つ編み……など編み方はいろいろありますが、立体的にくずせるロープ編みは覚えておくと簡単で役に立ちます。**ねじりながら２つの束を交差していくだけ**なので、三つ編みや編み込みよりも腕を持ち上げる時間も短く、手もラクちんです。

慣れるまでは呪文を唱えるように、

「右にねじる→左上に重ねる→交換する→右にねじる→左上に重ねる→交換する……」

と言いながら編んでいくと混乱しないですよ。

左利きの人は反対のほうがやりやすいので、ねじる方向と重ねる方向が逆になるというポイントだけ忘れずにお試しくださいね！

もこもこ

42

基本のロープ編みの作り方

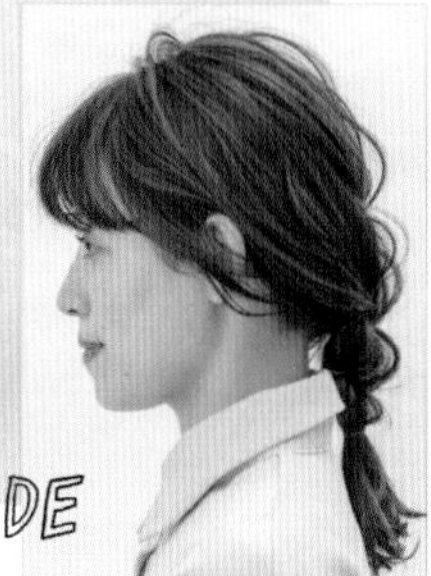

SIDE

①

2つに分ける

ざっくり全体を２つに分ける。センター分けよりもどちらかに少し寄っていたほうがこなれ感がUPする。ここでは右が多めの6：4分けでスタート。

②

毛束を時計まわりにねじる

写真のように分けた毛束を時計まわりにねじる。

毛束を重ねていく

ねじった束を左上に重ね、そのタイミングで毛束を持つ手をそのまま左右逆に持ち替える。もう一方の毛束も時計まわりにねじる。

POINT

「ねじる」→「重ねる」→「手を持ち替える」の作業を時計まわりにねじった人は反時計まわりに重ねる。反時計まわりにねじった人は時計まわりに重ねる。これができると、編み目がくずれない！

③

④

毛先までロープ編みを続ける

毛束を時計まわりにねじりながら、左右の手を持ち替えつつ、ロープ編みを毛先まで続ける。

⑤

⑥

⑦

ゴムどめをしてくずす

編み終わったらゴムでとめ、ロープ編み部分を内側からくずしていく。

完成！

全体をくずして ポニーフックをつける

後頭部やサイドもくずして完成。持っていたらゴムのところにポニーフックをつけるのもオススメ。

43

サイド結びはくずれないのが鉄則

正面からもアレンジが見えるサイド結びは、華やかに映えるのでお呼ばれの日にも最適です。襟が高い服や首元が詰まった服、ニットや冬服などと相性がいいアレンジです。

ただ、片方の髪をもう片方に持っていきアレンジするので、どうしてもえりあしまわりの強度が弱くなります。

夕方になってきて、ゆるくなったり、くずれたりするとアレンジに費した時間が台無しに。

いつもゆるくなってしまうという人のために、くずれ知らずになるテクニックを紹介します。

44

くずれないサイド結びの作り方

SIDE

ハチ上を結ぶ

ハチ上を片方に寄せてゆるめの位置にしっかり束ねる。
束ねたら表面をくずしておく。

残りの毛も結ぶ

ハチ下の残りの毛も同じほうに寄せ、①と近い位置に束ねる。

下の毛束を
くるりんぱする

下の髪を横向きに穴を開け、くるりんぱする。このとき必ず穴は横向きにして。

POINT

くるりんぱすると、
えりあしがねじら
れてくずれにくく
なるよ。

下の毛束に
穴を作る

頭を毛束のほうに傾けながら、下の毛束のえりあし部分に写真のように穴を作る。

穴に上の毛束を通す

上の毛束はゴムを下の位置に結んだので、穴に通すとちょうどゴムが見えなくなるはず。見えてしまったら、穴に通した後にゴムを下にずらしてみて。

くるりんぱしたほうのゴムに指を入れ、ゴム隠し

下に通したハチ上の束を使ってゴム隠しをする。

毛先をゴムに通す

巻きつけた毛先はゴムに通し、毛先を引っ張り、強度を高める。

13

14

ねじり部分を引き出す

ゴム部分をしっかり持ちながら、ねじったところや巻きつけた髪を細くそーっとくずす。

完成!

全体をくずす

後頭部やサイドなどバランスを見てくずしたら完成。
ゴム隠しもできているのでアクセなしでもOK!

45
移動に便利なお団子の作り方

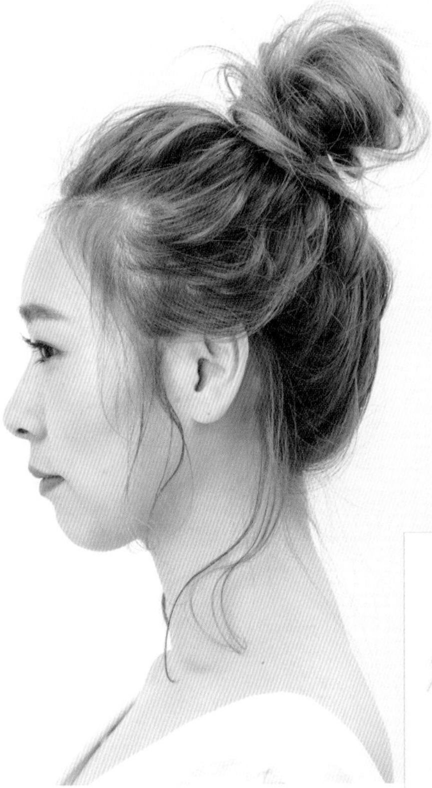

FRONT

あごを上げて ポニーテールにする

高めの位置でポニーテールにする。このとき、あごを上げることでえりあしがたるみにくくなる。

①

②

小さな輪っかを作る

ポニーテールの最後を写真のように輪っかの状態にする。このときなるべく小さめ輪っかを作る。シリコンゴムをもう1本用意して、輪っかの根元をさらにきつく束ねる。

3

4

内側の毛束を引き出す

輪っかの内側の毛束が表面よりもさらに出るように引き出す。表面の髪ではなく内側の髪を引き出すのがキープ力UPのコツ。

5

毛先をゴムの根元に巻きつける

いろんな角度から引き出し立体的にしたら、残った毛先をねじりながら巻きつける。

毛先をゴムにはさむ

毛先をゴムにはさみ、根元をくずしてゴムが見えにくいようにする。

完成!

スタイリング剤をつける

顔まわり、後れ毛にバームをつけてしっとりさせる。寄りかかってもくずれない、ゴムだけしか使わない移動に便利なアレンジの完成。

46
あとが残らないクリップ団子の作り方

FRONT

毛束をねじりながら持ち上げる

あごを上げて毛束をねじりながら持ち上げる。きつめにねじるのがポイント。

①

②

POINT

①のねじる方向と
②のねじる方向は
同じ向きに
統一する。

頭頂部で毛束を巻きつける

ねじりはじめの根元を押さえながらねじった方向と同じ方向(ここでは時計まわり)に巻きつける。

両手を使って
最後まで巻きつける

ねじりがゆるまないように根元と毛先を持ちながら巻きつけていく。

③

④

POINT

お団子だけをはさまずに根元もはさむのがとれにくいポイント。なるべく強度があるクリップを使うのがオススメ。

クリップではさむ

毛先あたりの束とねじっている根元を同時にはさむ。

お団子部分をくずす

5

クリップを持ちながら、お団子部分の内側の毛を細く引き出して。

完成！

ねじっただけでクリップしか使っていないので、あとが残らないお団子の完成。

47

頑張らない日は前髪だけ変えてみる

センターでジグザグに分け、耳が隠れるように低めにまとめた前髪。

センターでジグザグに分け、真横に毛流れを出したふんわりセンター前髪。

分け目もなく全体的に後ろにかき上げる。

ただひとつ結びをするだけの日でも、
前髪に少しのアレンジを加えるだけで、
印象はガラリと変わります。
前髪の短い人も、スタイリング剤をしっかりつけることで
いろんなアレンジを楽しめるので
挑戦してみてくださいね。

9:1でおでこにかかるように斜めに分けた前髪。

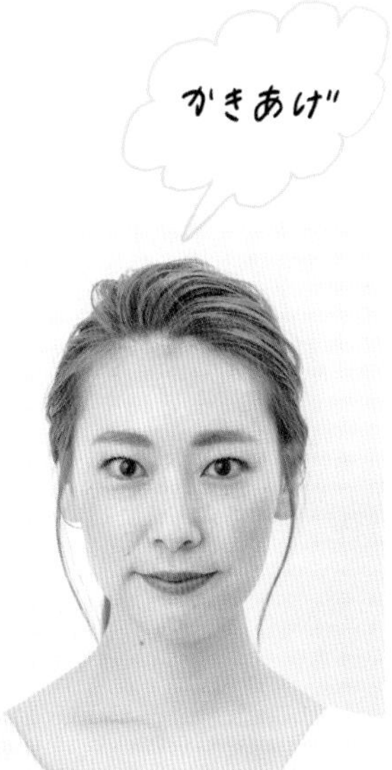

9：1でかき上げたままの毛流れでまとめた前髪。

センターでジグザグに分け、ハチ上の髪をより高く持ち上げて明るい印象に。

48
重め前髪から軽め前髪に変身

BEFORE

AFTER

重ためにに作った前髪もピンひとつで今っぽい
透け感のある前髪になりますよ。

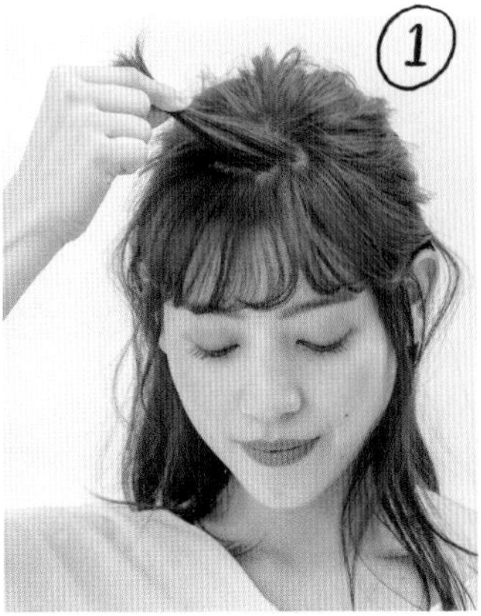

前髪の上半分をとる

重い前髪の上半分を分け、長い髪の下に隠すように持っていく。あらかじめ写真のように前髪を内巻きしておくのもオススメ◎。

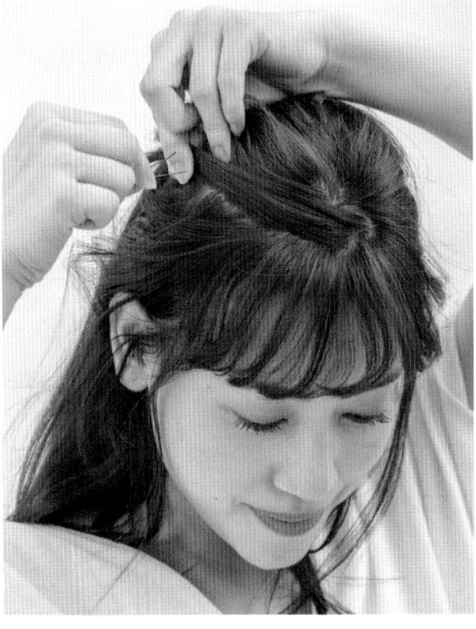

ピンで固定する

スモールピンで見えないように内側に固定する。

49
長さが足りなくても横分け前髪にする方法

BEFORE

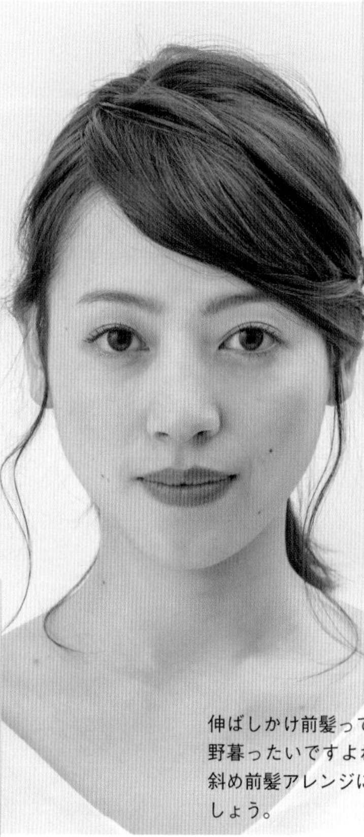

AFTER

伸ばしかけ前髪って邪魔になる上に野暮ったいですよね。そんなときは斜め前髪アレンジにして乗り切りましょう。

横後ろの長い髪を持つ

横後ろの長い髪を持ち、頭を傾けながら、長い髪を前髪の方向へ流す。

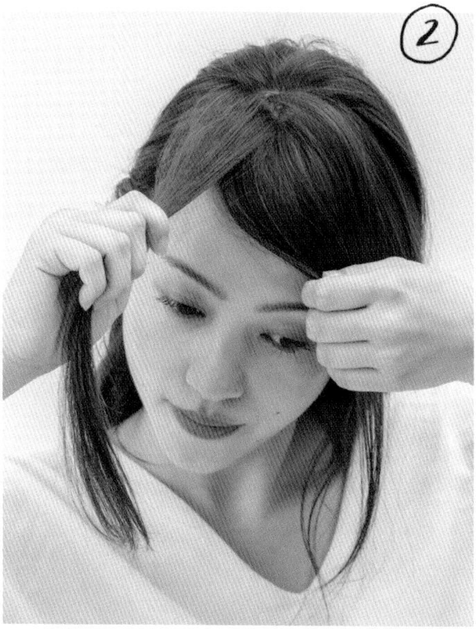

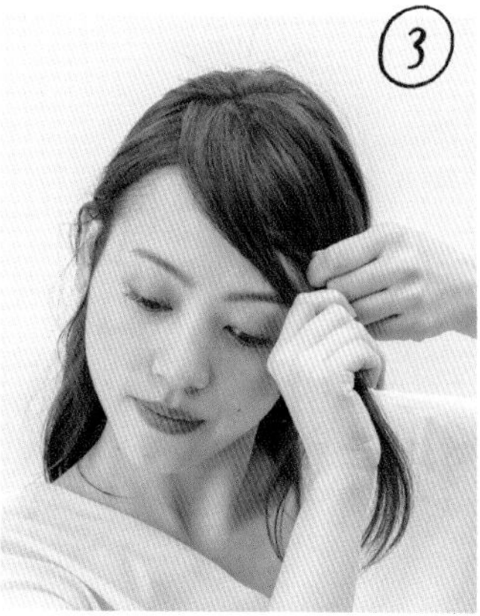

ピンで固定する

長い髪を前髪の上にかぶせて、長い髪を耳の上あたりにスモールピンで固定する。

50
くずれない低めシニヨンの作り方

FRONT

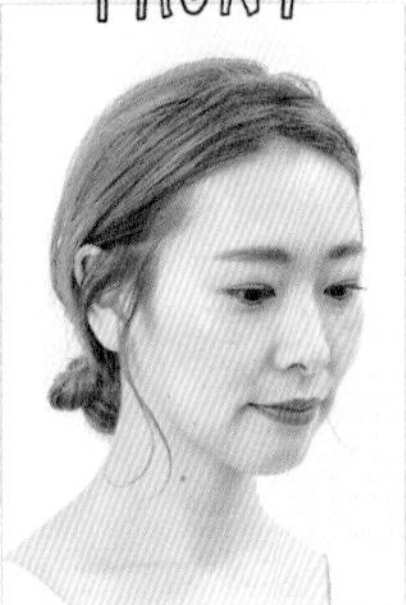

ロープ編みする

余裕があるときは、毛先だけ巻くとシニヨンのおさまりがよくなる。

P▸116 「基本のロープ編みの作り方」

シニヨンを作る

ロープ編みの根元を押さえながら、反時計まわりに巻きつける。

ゴムでとめる

巻きつけたら根元をゴムでとめ、
垂れたお団子の下を手で支える。

③

④

お団子を半回転する

お団子を持ち上げ、そのまま右に
半回転させる。

ピンでとめる

持ち上げたお団子の端と根元をピンでとめる。左右からお団子の芯に向かって×（バツ）になるようにとめると落ちにくい。

全体をくずす

お団子を支えながら表面をくずしバランスを整えて完成。

51
くずれない ミドルシニヨンの作り方

FRONT

Middle chignon

ミドルポニーテールを作る

耳の高さの位置にポニーテールを作り、
2束に分ける。

①

②

右の束を時計まわりにねじる

右の毛束を時計まわりにねじる。
左利きの方は左の束を反時計まわり
にねじるのがやりやすい。

③

ロープ編みする

右の束が上になるように左に持ってい き、左の束を時計まわりにねじりなが ら右に持っていくのを繰り返す。

④

POINT

ねじりがシュルシュルと戻ってしまう人は全部同じ方向にねじっているから。ねじる方向と重ねる方向が反対だとゴムでとめてもとれてこない。

ゴムでとめる

毛先を少し残して、ゴムでとめる。

ゴムまわりに
巻きつける

⑤

毛束を時計まわりに巻きつける。

根元をゴムでとめる

最後にゴムで固定して完成。

52

サボりたい日は触覚巻きしよう

右２カ所、左２カ所、後頭部の
計５カ所を巻くだけでOK。

朝は時間がない。けど少しやった感じも欲しい。表面も立体的にしたい。

そんな矛盾した願いを叶えるには触角巻きです。触覚巻きはアイロンを開かないで巻く方法なので、不器用でアイロンができない人にも挑戦しやすくオススメです。

表面の５カ所をきつく巻いてアレンジするだけで、まるで引き出すのがうまくなったようにも見えるし、立体的になり、全部巻いてるふうにも見えますよ。

アレンジ前は写真のように人に見られたくない状態ですが、束ねてしまうのでこのくらいしっかり巻くのが正解。

この状態からひとつ結びやシニヨンをすると、巻かない状態でやるよりゆるふわなひとつ結びができますよ。

53
触覚巻きの方法

毛束の根元にアイロンをあてる

1束（写真くらいの量）を持ち、アイロンを開かない状態で根元にあてる。この方法で表面5カ所を巻いていく。

①

②

③
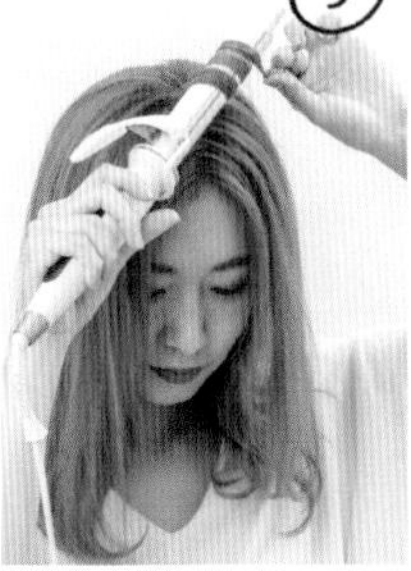

④

毛束をアイロンに巻きつける

毛束をアイロンにくるくると巻きつけていく。巻きつけたらそーっと離していくとシュルシュルと巻いた髪ができる。

5カ所巻く

何もしてない髪から巻いた部分だけ浮いて見えるようになるのが正解。同じやり方で5カ所巻く。

ひとつに束ねる

巻いた束をくずさないように、束を1束ずつ真ん中に集めるようにそっとまとめる。束ねた後、巻いていない部分の髪を少し引き出してみるとより立体的になってルーズ感が増す。

54

ただのひとつ結びを「ひとくせポニー」に変える

PONY

ヘアアレンジのベースはなんといってもひとつ結び。

ただひとつに結ぶだけでも、位置を高め、真ん中、低めと変えてみたり、結び方をタイトにしたりゆるめたりするかの違いでも顔まわりの毛流れが変わるので、同じひとつ結びでも印象はさまざま。

さらに簡単に後ろ姿の印象も大きく変えたかったら、写真のように結んだ後に毛先だけ巻くのもオススメ。

毛先がS字になって動きが出るので、Tシャツなどのシンプルな服装を選んだときは、このヘアアレンジで華やかさを加えてみましょう。

また、１６０ページ以降で紹介しているようにゴム隠しの方法を変えるのもオススメ。ひとつ結びは一番身近なアレンジだからこそ、少しずつ変化をとり入れてみてください。

55 ズボラ時短巻き

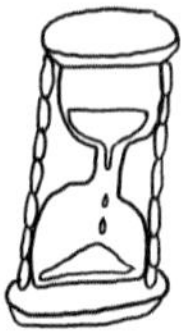

毛先を外ハネに巻く

ひとつ結びにした後、まず外ハネに巻く。

①

②

POINT

アイロンの上側の熱を利用する。

アイロンの上側に毛束をあてる

外ハネに巻き、写真のようにそのまま毛束を持ち上げ、アイロンの上側にあてる。

アイロンをとる

アイロンを離して外ハネのついでにその上にもカールがついていればOK。

3

Sカールが完成

時短でSカールが作れる。
これができればかわいいへの近道!

56

結局、ひとつ結びが最強だ！

ひとつ結びが「しないアレンジ」の一番の味方ですが、基本のひとつ結びに飽きてしまった人は、ゴム隠しの方法をいつもと変えれば、「ひとくせポニー」に変身できます。

後ろの毛流れが大きく変わるので、ちょっと凝った見た目になれたり、よりくずれない強度高めのひとつ結びを作れたりします。

ゴム隠しの方法を変えるだけなので、面倒なプロセスは一切なし。

一つひとつのアレンジのスピードが上がってきたら、また時間に余裕がある日は、次ページから紹介する「ひとくせポニー」にも挑戦してみて。

57
ひとくせポニーの作り方①

PONY

サイドを残して ひとつ結びにする

ひとつ結びをするときはセンター分けよりも、写真のように6:4や7:3などどちらかに寄せると毛流れが出て雰囲気UP。

①

②

サイドの毛を 交差する

ひとつ結びの上で毛束が×(バツ)になるように交差する。

交差した毛束を ひとつ結びの下で結ぶ

ひとつ結びの上で交差した束を、その下に持っていき、もう1本のゴムで束ねる。

③

④

毛束をひとつに まとめる

サイドの髪だけでゴムどめをしたら、最後の1周は全部の毛先を一緒に束ねる。そしてゴムがきつくなるようにきゅっと毛先を持ってしっかりしめる。

⑤

⑥

全体をくずす

トップの毛をくずす。余裕がある日はさらに毛先を巻いてみて。

完成！

ひとくせポニーの完成

毛流れがいろんな方向に向いていて、ふんわりしていればOK！

58

ひとくせポニーの作り方②

BACK

髪の3分の2を束ねる

耳より下の髪を残すイメージで束ねて。

①

②

毛束をねじりながら巻きつける

残しておいた髪をしっかりとねじりながらゴムに巻きつけていく。

毛束を引き出す

ねじりながら細く毛束を引き出し、巻いていく。

3

4

ゴムでとめる

ねじりくずしながら巻きつけ、毛先が少し残っている状態でゴムでとめる。

ゴムを隠す

⑤

毛先を持ち上げ引っ張り、④でとめたゴムがねじった毛束の下にいくように移動させる。

完成！

全体をくずす

ねじった部分に手を添えながら、全体のバランスを見て引き出し完成。余裕がある日は毛先だけ巻いてみて。

59
強度MAXポニーの作り方

BACK

髪の4分の3をクリップでとめる

クリップで仮どめし、残りの毛はシリコンゴムでゆるめの位置でしっかり束ねる。

1

2

2回くるりんぱする

結んだ毛束を2回くるりんぱする

3

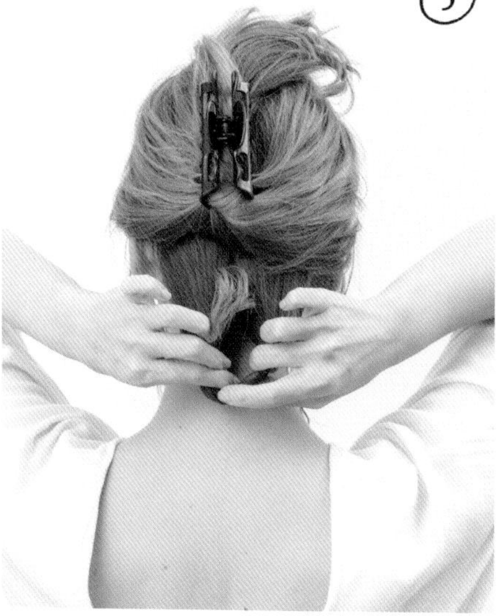

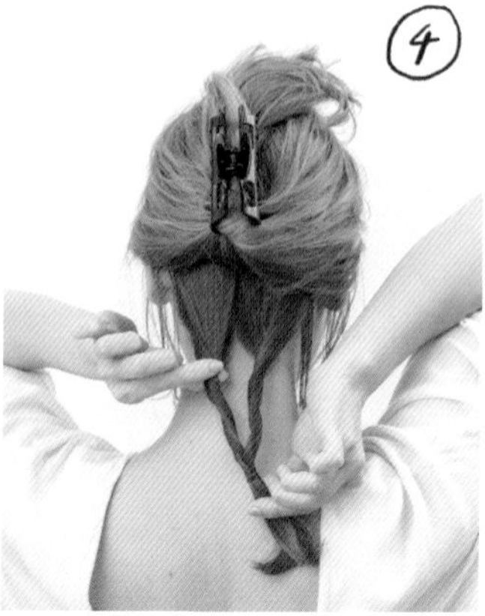

毛束を整える

ねじりを均一になるように整えて、クリップで仮どめしていた毛を左手で持つ。

くるりんぱした毛束をゴム代わりにする

2回くるりんぱした毛束をゴムのように使い、上の毛束をポニーテールにする。

2回ほど結ぶ動きをしたら、毛先を持ち上げて①のゴムの位置を上に移動させ、固定する。

8

9

ゴムでとめる

全体の毛束をひとつにまとめるためにさらに1本ゴムでとめる。毛先を持ち上げて引っ張り、強度を高める。

完成!

ねじり部分をくずす

ねじった束をくずしてバランスを整えて完成。

60

時間があるとき ヘアアレンジは自由自在

お休みの日や、お出かけの日、いつもよりも少し時間がある日は毎日の時短アレンジを組み合わせてアレンジの幅を広げてみましょう。

この本で紹介してきた方法をそれぞれ組み合わせてみると、アレンジはどこまでも広がります。

服装に合わせて、アレンジも大人っぽくしたいときには引き算、**華やかにしたいときは足し算**をしてみましょう。ゴム隠しや三つ編み、ロープ編みを組み合わせれば、いろんなアレンジが生まれます。

この本で紹介したアレンジはどれも簡単なものなので、**組み合わせてみても、さほど時間はかかりません**。髪の長さに合わせて、いろいろ試してみてください。

ハーフ三つ編み団子

ハーフアップにした毛先を三つ編みし、巻きつけてゴムをすれば完成。根元のゴムはポニーフックで隠せば、ゴム隠しもいらず時短。

三つ編みひとくせポニー

ハチ上で三つ編みを数回して、残りをすべてひとつに束ねてゴム隠しすれば完成。

ロープ編みひとくせポニー

ひとつ結びをしてゴム隠しをし、毛先はロープ編みを数回してまたゴムでとめる。毛先のゴムはポニーフックで隠す。

私自身、学生の頃はクセ毛に悩んでいました。さらさらツヤツヤの髪に憧れてストレートアイロンでまっすぐにしたり、ストレートパーマをかけたり。

でも運動部だった私は汗をかくことが多く、アイロンで伸ばしたまっすぐの髪も一瞬でくせ毛に。そんな日常をなんとか変えたいなと束ねたり、ねじってピンでとめたり、そんなことをしたのがヘアアレンジのきっかけです。

さらさらのストレートヘアにはなれなかったけど、ヘアアレンジで工夫を楽しめました。コンプレックスだったクセ毛のおかげだと今は思っています。

Instagramでヘアアレンジの投稿をはじめて間もない頃、DMが届きました。

「私、病気で髪が抜けてしまうんです。なので外に出るのもイヤなんです。

でもそんな中、ヘアアレンジの投稿に出合って、こんなふうに

オシャレしたいと思い、母に頼んでカツラを買ってきてもらいました。その日から見よう見まねでカツラをアレンジし、そのアレンジした髪型で外に出たいと思い、今では毎日違う髪をして散歩するのが楽しみです。こんな私の人生を楽しくしてくれてありがとうございます」と。

今思い出しても涙がこぼれるほど嬉しかった出来事です。

ヘアアレンジは、誰でも最初、うまくいかなくて手が疲れてしまいます。

でも、まずはやってみてほしい。

アレンジは失敗しても、髪の毛を洗えば元通りになります。最初はすぐに疲れてしまった手や腕も徐々に必ず慣れていきます。

全部頑張らず、「したい」「なりたい」ものから練習してみてください。

毎朝「しない」ことを選んで、なりたい自分に少しでも近づけますように。

PROFILE

工藤由布

@ nyan22u22nyan

恵比寿のヘアサロン『N.Mist』のスタイリスト。
青森県出身。1984 年生まれ。Instagram にセルフアレンジをポストしたところ、天気やファッションに合わせて毎日更新される今どきヘアアレンジと丁寧でわかりやすい解説が話題になり、人気アカウントに。近著『ヘアゴム 1 本のゆるアレンジ』がベストセラーになる。
フォロワーは約 7 万人。
Instagram　@ nyan22u22nyan

商品提供　（株）アリミノ
※本書に出てくる商品やアクセサリー、洋服はすべて本人の私物です。

しないヘアアレンジ

2020 年 3 月 10 日　初 版 発 行
2020 年 3 月 30 日　第 2 刷発行

著者　工藤由布

発行人　植木宣隆

発行所　株式会社サンマーク出版
〒 169−0075　東京都新宿区高田馬場 2−16−11
03−5272−3166（代表）

印刷　共同印刷株式会社
製本　株式会社若林製本工場

ISBN978-4-7631-3820-0　C0077
https://www.sunmark.co.jp